DÉCOUVERTE

DES RESTES

D'ANSELME DE MAUNY

ÉVÊQUE DE LAON DE 1215 A 1238

ET

PAIR DE FRANCE

NÉ A BERCENAY-LE-HAYER (AUBE)

INHUMÉ DANS LE SANCTUAIRE DE L'ÉGLISE

DE

L'ABBAYE DE VAULUISANT

(Yonne)

> *Laudemus viros gloriosos.*
> Louons ces hommes illustres, pleins
> de gloire.
> (ECCLÉSIASTIQUE, 44-1)

PARIS

IMPRIMERIE DE L'ŒUVRE DE SAINT-PAUL, L. PHILIPONA
51, rue de Lille, 51

1881

DÉCOUVERTE

DES RESTES

D'ANSELME DE MAUNY

ÉVÊQUE DE LAON DE 1215 A 1238

ET

PAIR DE FRANCE

NÉ A BERCENAY-LE-HAYER (AUBE)

INHUMÉ DANS LE SANCTUAIRE DE L'ÉGLISE

DE

L'ABBAYE DE VAULUISANT

(Yonne)

Laudemus viros gloriosos.
Louons ces hommes illustres, pleins
de gloire.
(ECCLÉSIASTIQUE, 44-1)

PARIS

IMPRIMERIE DE L'ŒUVRE DE SAINT-PAUL, L. PHILIPONA
51, rue de Lille, 51

1881

Bercenay-le-Hayer (Aube), le 5 juillet 1881.

Mes chers Paroissiens,

Depuis que je suis au milieu de vous, plus d'une fois je me suis appliqué à étudier l'histoire de vos compatriotes les plus illustres.

Vous avez lieu d'être fiers de vos familles Bazin, de Chavaudon, Bruley, Guichard ; mais l'antiquité d'Anselme de Mauny, que les historiographes appellent aussi Anselme de Bercenay, les circonstances au milieu desquelles il a vécu, sa dignité d'évêque, son titre de pair de France, lui donnent une importance capitale.

L'Histoire de la Gaule chrétienne (*Gallia christiana*) m'apprit d'abord que votre Anselme, né dans la dernière moitié du XIIe siècle, fut nommé évêque de Laon en 1215, succédant à Robert de Châtillon ; qu'il assista aux obsèques du roi Philippe-Auguste en 1223 ; qu'il célébra le mariage de saint Louis ; qu'il fonda son anniversaire en l'abbaye de Saint-Vincent de Laon, léguant 100 livres pour cet effet ; qu'il vint mourir dans son pays natal, le 2 septembre 1238, au milieu de vos ancêtres ; qu'il fut inhumé dans l'église de l'abbaye de Vauluisant, à huit kilomètres de votre territoire, abbaye fondée d'après la décision de saint Bernard et qui plusieurs fois fut honorée de la présence de ce grand saint, le plus grand homme de son siècle ; qu'un riche monument en cuivre, élevé sur sa tombe, fut vendu dans la suite pour que le prix aidât à couvrir les frais d'une réparation nécessaire à l'église.

J'ignorai longtemps l'endroit précis de sa sépulture ; je désirais vivement le découvrir, malgré tout ce que je savais des malheurs du monastère de Vauluisant. Il fut tellement désolé dans le XIVe siècle par les guerres des Anglais, qu'il resta près de quarante ans désert et sans religieux ; il fut encore pillé et presque détruit par les Huguenots, le 13 octobre 1562, et en 1571. La chronique de l'Abbaye qui a transmis la mémoire de ces malheureux évènements, entre dans quelques détails sur les ravages qu'exercèrent à Vauluisant les partisans de cette secte également impie et barbare : ils mirent les religieux en fuite, profanèrent les reliques, s'emparèrent des châsses, des vases sacrés d'or et d'argent, et notamment d'un calice d'or très curieux du poids de quatre marcs (1 kilog.).

Après tout cela, était-il encore possible de retrouver les restes d'Anselme de Bercenay ? Oui, assurément ; des faits semblables se reproduisent fréquemment. J'en parlai à Monseigneur notre évêque de Troyes, lorsqu'il nous honora dernièrement de sa visite pastorale et qu'il vous procura ainsi le précieux avantage d'apprendre à connaître par vous-mêmes ses éminentes qualités. Sa Grandeur approuvant mes intentions, sans plus de retard je priai mes confrères voisins de vouloir bien s'intéresser à mes recherches. Je fus aidé par M. l'abbé Milon, curé de Pouy. J'eus à la mairie de Courgenay des renseignements qui m'encouragèrent. Je dus principalement m'adresser à M. l'abbé Boudard, curé de Courgenay et de Vauluisant, dont je savais d'ailleurs apprécier l'intelligence et la sagacité.

La *Semaine religieuse* de Sens, dans son numéro du 28 mai dernier, reproduisait un précis historique sur Vauluisant, publié en 1784 par Tarbé, imprimeur à Sens.

Nous apprîmes ainsi qu'Anselme de Bercenay fut inhumé l'an 1238, dans le sanctuaire de l'église de Vauluisant, vis-à-vis le maître-autel, et qu'Henri, vingt-huitième abbé de Vauluisant (de 1433 à 1449), pour subvenir aux urgentes réparations de l'église, vendit, en 1448, le monument en cuivre d'Anselme qui s'élevait à l'entrée du sanctuaire, et le remplaça par une inscription tombale indiquant les motifs du changement. On lisait encore cette épitaphe au temps de Tarbé de Sens; la voici :

> Hic jacet Anselmus de Bercenayo natus
> Quondam Landunensis Episcopus. Qui obiit
> Tertio nonas Septembris, anno 1238.
> Sed urgente inopia, anno Domini 1448, XII Kalend. Novembris
> Hujus loci Abbas, Henricus nomine, cupreum tumulum
> Vendidit, quem præfatus erexerat. De cujus
> Venditione hanc celte tumbam in silice
> Sculpsit et huic Ecclesiæ, quæ nunc
> Ruinosa permultum erat posse
> Tenus, Altissimo disponente
> Subvenit. Quem pro eis
> Orate.

Voici la traduction de cette épitaphe :

« Ici repose Anselme, dit de Bercenay, du lieu de sa nais-
« sance, évêque de Laon. Il mourut le 2 septembre 1238. Dans
« un moment d'extrême détresse, Henri, abbé de Vauluisant,
« se vit contraint, le 21 octobre 1448, de vendre le mausolée
« de cuivre que le Prélat avait fait confectionner de son
« vivant pour qu'on y déposât son corps après sa mort. Du
« produit de cette vente, Henri fit sculpter au burin, sur
« ces dalles, par un artiste, cette inscription tombale et,
« Dieu aidant, restaurer de son mieux l'église qui tombait
« en ruines : Priez pour le Pontife et pour l'Abbé ! »

Dès lors nous eûmes la conviction qu'il nous serait possible de déterminer d'une manière très précise l'endroit de la sépulture d'Anselme.

Aidés des renseignements de M. Pailleret qui, depuis longtemps déjà, exploite Vauluisant avec tant de succès, et qui a assisté à l'enlèvement des ruines de l'ancienne église abbatiale, nous avons pu, après quatre études, tracer sur le terrain même le plan du sanctuaire.

C'est lundi dernier, 4 juillet, que M. le curé de Courgenay et moi, nous présidâmes aux fouilles.

Nous n'avons eu qu'à nous louer de l'entrain et de l'intelligence de MM. Bourgeat Séverin, Martinet Alphonse père, Faitout Hippolyte, Pillot Xavier, Bourgeat Elicias, que j'avais emmenés avec moi de Bercenay, pour l'exécution du travail.

Nous ouvrîmes une tranchée transversale, à l'origine du sanctuaire ; nous avons mis à découvert les premières assises des fondations des murs d'enceinte, larges en cet endroit de près de quatre mètres. C'est précisément au point milieu, entre ces deux assises, que se trouvaient les restes d'Anselme de Bercenay ; ils étaient là seuls, tels que les siècles et les vicissitudes des temps nous les ont laissés ; nous les avons recueillis avec le plus grand respect.

Il est utile de vous soumettre le plan de l'église, pour que vous puissiez vous faire une juste idée du travail que nous avions à faire, et que nous avons heureusement exécuté.

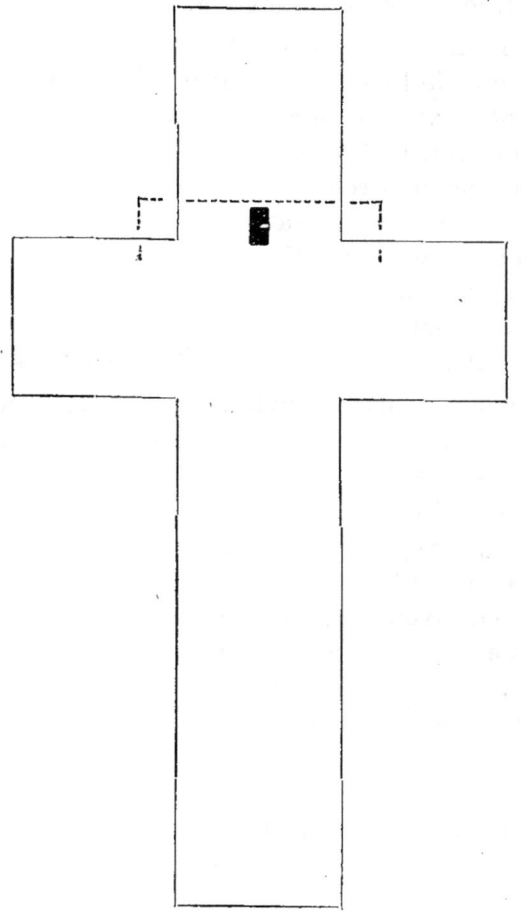

Cette église, construite au commencement du XIIe siècle, était d'une belle proportion pour la grandeur et la hauteur; le sanctuaire était majestueux, il avait quelque chose d'auguste et d'imposant; les piliers qui soutenaient la coupole étaient travaillés avec une délicatesse dont l'architecture gothique paraissait peu susceptible. Le maître-autel, d'un goût plus moderne, avait la forme d'un tombeau de marbre avec des ornements de bronze doré d'or moulu ; deux anges en adoration étaient placés aux côtés de l'autel sur des enroulements en consoles ; c'est actuellement le maître-autel de l'église de Saint-Mards-en-Othe (Aube).

Vous voyez, dans le plan ci-dessus, à l'entrée du sanctuaire, la tranchée d'environ quatorze mètres de longueur, que nous avons faite, et le point noir qui indique la seule sépulture que nous ayons trouvée. Il devait en être ainsi, puisque votre Anselme seul a été inhumé dans le sanctuaire.

Si notre fouille eût été faite plus près de l'emplacement du maître-autel, nous n'eussions rien trouvé, l'eau n'étant tout au plus qu'à une profondeur de deux mètres ; on s'est toujours bien gardé de creuser aucune fosse trop près des fondations du maître-autel.

Si notre fouille eût été faite seulement deux mètres en avant, nous tombions dans le chœur, et nous rencontrions plusieurs inhumations lorsque nous n'avions qu'à en trouver une seule.

Les fragments du crâne que nous avons trouvés étaient du côté du maître-autel. La règle veut, en effet, que les Évêques soient inhumés dans cette position.

C'est donc là qu'Anselme de Mauny fut déposé ; c'est là qu'on avait élevé son monument en cuivre, qu'il avait fait confectionner lui-même, de son vivant, lorsqu'il sentait la mort approcher, et qui le représentait en grandeur naturelle, à genoux en adoration devant le Très-Saint-Sacrement. D'un côté le point précis de la sépulture est certain ; il a été indiqué, en 1448, par une nouvelle épitaphe qu'on lisait encore en 1784; de l'autre côté, notre fouille a été exécutée aussi heureusement que possible, le résultat a été aussi complet qu'on devait l'attendre : le doute n'est donc pas possible et ne saurait être permis ; la pierre de l'inscription tombale a été brisée, cassée en petits morceaux, nous en avons recueilli des fragments.

Selon les recommandations de Mgr l'évêque de Troyes, nous avons ramené pieusement, dans la sacristie de notre église, ces précieux restes tels que nous avons pu les retrouver après six cent quarante-trois ans.

Nous avons maintenant à les déposer dans le sanctuaire de notre église, sous une dalle ou un monument convenable avec inscription commémorative.

Je me propose, mes chers paroissiens, d'en prévenir NN. SS. les Évêques de France, qui, sans aucun doute, voudront bien venir en aide à notre pauvreté ; je leur exprimerai en même temps le désir d'établir quelques messes de fondation pour tous les prêtres défunts et pour le salut de la France, par l'agrandissement dans les cœurs de l'amour de Dieu et de son Église, de l'amour religieux de la Patrie et des ancêtres.

Il s'agit, en effet, d'un évêque qui a vécu à une des époques les plus mémorables de notre histoire nationale. C'était le temps des croisades, et ses armoiries prouvent que les chefs de sa famille furent du nombre de ceux qui, la croix sur le cœur et l'épée à la main, se précipitèrent sur l'Asie pour voler à la délivrance de la Terre-Sainte ; qui essayèrent de briser, sur son propre terrain, ce croissant redoutable pour toutes les libertés ; entraînèrent l'Europe, épouvantèrent l'Asie, brisèrent la féodalité, anoblirent les serfs, transportèrent le flambeau des sciences, et changèrent l'Europe.

C'est alors que l'enthousiasme religieux donna naissance à la chevalerie, qui brilla du plus vif éclat. Servir Dieu, chérir et respecter sa dame, défendre intrépidement, la lance au poing, envers et contre tous, ce double objet d'un culte enthousiaste, tel était le devoir d'un preux chevalier.

Votre Anselme fut contemporain de Philippe-Auguste et de saint Louis. Il fut un des premiers membres les plus illustres de l'Université, dont la fondation remonte à Philippe-Auguste qui en fixa les privilèges. L'Université, dans l'origine, était une réunion d'hommes, la plupart ecclésiastiques, appliqués à l'étude des sciences; elle comprit dans la suite tous les étudiants qui se partagèrent, selon leur pays, en plusieurs sections, intitulées sections de France, d'Angleterre, de Normandie ou de Picardie. Paris vit alors s'élever une multitude de collèges dont plusieurs acquirent une grande célébrité. Toutes les écoles furent placées sous l'autorité du Prévôt de Paris; mais aussi, Philippe-Auguste confirma une bulle du pape Célestin III, par laquelle les écoliers étaient soustraits à la juridiction civile et placés dans le ressort de la juridiction ecclésiastique. L'Université grandit ainsi sous le double patronage de la Papauté et de la Royauté, elle acquit une grande renommée et devint un des puissants corps de l'État; le plus grand nombre des étudiants se vouaient alors à la prêtrise : le clergé de France recherchait avec une érudition et une patience incroyables les monuments épars de la littérature ancienne et luttait heureusement contre la barbarie et l'ignorance.

Anselme vécut douze ans sous le règne de saint Louis, de ce prince destiné, selon l'aveu de Voltaire, cet ennemi si connu de la religion et de la royauté, à reformer l'Europe, à rendre la France triomphante et policée, et à être en tout le modèle des hommes. Sa piété, qui était celle d'un anachorète, ne lui ôta aucune vertu de roi. Une sage économie ne déroba rien à sa libéralité. Il sut accorder une politique profonde avec une justice exacte. Prudent et ferme dans le conseil, intrépide dans les combats sans être emporté, compatissant comme s'il n'avait jamais été que malheureux : il n'est pas donné à l'homme de porter plus loin la vertu.

Anselme venait de descendre dans la tombe, lorsque saint Louis vint jusqu'à Villeneuve-l'Archevêque (à 4 kilomètres de Vauluisant) au-devant de la sainte Couronne d'épines que le Sauveur avait portée sur la Croix. Elle se conservait depuis un temps immémorial à Constantinople, dans la chapelle des empereurs d'Orient. Deux nobles sentiments, l'amour de la patrie et la crainte trop justifiée de voir passer ce trésor aux mains des Grecs schismatiques qui resserraient leur cercle formidable autour de Constantinople, engagèrent Baudoin II à l'offrir à saint Louis.

Cependant les barons de l'empire d'Orient, pressés par le besoin, avaient déjà engagé cette couronne aux Vénitiens pour une grande somme d'argent ; saint Louis leur fit passer sans délai l'argent nécessaire et donna ordre de rapporter en France le gage sacré, bien autrement estimable à ses yeux que toutes les richesses terrestres. Saint Louis vint donc à sa rencontre jusqu'à Villeneuve-l'Archevêque avec la reine sa mère, les princes ses frères et une multitude de seigneurs et d'évêques. La sainte Couronne était dans un reliquaire d'or enfermé lui-même dans une châsse d'argent.

A la vue de cet objet sacré, tout le monde fondit en larmes. Le pieux monarque portait lui-même la relique sur ses épaules avec Robert comte d'Artois, l'aîné de ses frères ; ils étaient l'un et l'autre nu-pieds et sans manteau. Huit jours après on fit à Paris une entrée non moins triomphale.

Saint Louis fit aussitôt construire près du palais la Sainte Chapelle, ce gracieux chef-d'œuvre de l'art gothique, pour abriter sous ses voûtes élancées et ses élégants arceaux, la précieuse relique (1239). J'aime à faire ce rapprochement, qu'il vient de revenir de Venise, dans la chapelle des Augustins de l'Assomption à Paris, une des épines qui avaient été détachées alors de la sainte Couronne.

Votre Anselme grandit sous le pontificat du pape Alexandre III, qui, selon Voltaire lui-même, l'éternel ennemi de la papauté, fut l'homme qui, au moyen-âge, mérita le plus du genre humain ; qui, dans un concile, à la fin du douzième siècle, abolit autant qu'il le put la servitude ; qui triompha dans Venise par sa sagesse de la violence de l'empereur Barberousse ; qui força Henri II, roi d'Angleterre, à demander pardon à Dieu et aux hommes du meurtre de Thomas Becket ; qui ressuscita les droits des peuples et réprima le crime dans les rois ; à qui les hommes sont principalement redevables d'être rentrés dans leurs droits ; à qui tant de villes doivent leur splendeur.

Votre Anselme fut nommé évêque sous le pontificat du Pape Innocent III, l'année même du concile général de Latran, 1215, où se trouvèrent rassemblés, sous la présidence de l'immortel Pontife, quatre cent douze évêques, tous les patriarches d'Orient ou leurs légats, une multitude d'abbés, de prieurs, de députés des chapitres, les ambassadeurs des empereurs d'Allemagne et de Constantinople et ceux des autres princes de la catholicité, en un mot tout ce que le monde chrétien comptait de plus illustre et de plus érudit.

Il commença son épiscopat sous les yeux et couvert des bénédictions de ce grand Pape dont le pontificat est une des phases les plus importantes des temps modernes, qui fit resplendir cette unité merveilleuse qui imprime à la papauté un caractère de grandeur que n'a jamais pu atteindre aucune institution humaine, et qui rend, pour ainsi dire, populaire et palpable cette grande vérité, à savoir que la forme des gouvernements passe avec les hommes, comme eux emportée par les flots du temps, mais que la pensée de Dieu reste seule, et que son reflet éclaire le pouvoir pontifical, toujours attaqué et toujours inébranlable, toujours combattu et toujours triomphant, toujours vivant, fort et puissant comme la parole du Christ qui l'enfanta, encore debout après dix-huit siècles et devant durer jusqu'à la fin des temps.

L'évêché de Laon fut établi par Clovis, en 491. Deux conciles furent tenus en cette ville, en 1146 et en 1231 ; ce dernier sous l'épiscopat d'Anselme de Bercenay. Les évêques de Laon avaient le titre de pairs de France, de ducs de Laon et de comtes.

Les pairs de France formaient une espèce de conseil suprême ; ils étaient les plus hauts dignitaires et les premiers seigneurs du Royaume ; on les appelait ainsi, soit parce qu'ils étaient égaux (pares) entre eux, en pouvoir et en dignité, soit parce qu'ils étaient considérés comme les égaux du Roi. On fait remonter l'origine de la pairie à Hugues Capet. Philippe-Auguste fixa le nombre des pairs à douze, dont six séculiers (les ducs de Normandie, de Bourgogne, de Guyenne, les comtes de Flandre, de Toulouse, de Champagne), et six ecclésiastiques : l'Archevêque de Reims, les Évêques de Laon, Langres, Beauvais, Châlons, Noyon. Plus tard, on en créa beaucoup d'autres et leur nombre devint illimité.

Au sacre des rois, les Évêques de Laon avaient le privilège de porter la sainte ampoule. On donnait ce nom (du mot saxon *ampel* coupe) à une fiole sacrée que l'on conservait dans la cathédrale de Reims et que les anges, au rapport d'Hincmar, apportèrent à saint Remy pour oindre le front de Clovis, lors de son sacre. Elle était remplie d'une huile intarissable, qui depuis servit à sacrer tous les rois de France. En 1793, le représentant du peuple Ruhl s'empara de la sainte ampoule et la brisa. Cependant on en conserve encore quelques précieux débris dans le trésor de la cathédrale de Reims.

La cathédrale de Laon est une des plus fameuses cathédrales de France, qui ont été les premiers chefs-d'œuvre de l'art ogival et qui sont montrés comme les types de la généralisation de l'ogive.

Sa réédification, qui remonte à l'an 1114, a certainement duré plusieurs siècles; elle s'est donc accomplie pendant près d'un quart de siècle sous les yeux d'Anselme de Mauny.

Dès qu'il fut évêque, Anselme, juste appréciateur du mérite de l'abbé Jacques Pantaléon de Troyes, le fit venir près de lui en qualité d'aumônier, à l'âge de trente ans, le nomma son archidiacre, et, en l'envoyant à Rome traiter des affaires du diocèse, il le mettait sur le chemin des plus grands honneurs et des plus grandes charges.

C'est ainsi que notre Évêque de Laon fut un des hommes providentiels du Pape Urbain IV.

En ces temps où la main de Dieu secouait le monde, les agitations violentes des transformations sociales entouraient les Évêques des plus grandes difficultés; plus d'une fois, dans leurs tribulations, les Évêques voisins d'Anselme le choisirent pour arbitre, sûrs qu'ils étaient de trouver en lui un interprète et un défenseur de leurs droits et de leurs intentions. Il eut à défendre l'Évêque de Beauvais devant le Roi et la Reine Mère pendant la minorité de saint Louis.

Le discours qu'Anselme prononça en cette occasion fut consigné dans un acte solennel. Le rôle qu'il remplit en cette circonstance, annonce qu'il jouissait d'une grande considération parmi les Évêques. Il était éloquent, d'un caractère ferme et élevé ; doué des qualités brillantes que le monde envie et qui excitent trop souvent ses injustes jalousies. Il manifesta sa vertu par une ardente activité et un grand zèle pour la religion, témoin les importantes fondations de l'Abbaye du Sauvoir, du Prieuré de Saint-Nicolas Cordelle et du Couvent des Cordeliers et des Franciscains. Marlot, religieux de Saint-Nicaise de Reims, dit qu'Anselme, évêque de Laon, fit la translation des reliques de saint Marculfe (Marculfus), dans le prieuré de Corbény, au mois de juillet 1229. Adam, abbé de Saint-Basle, assistait à cette pieuse et imposante cérémonie.

Ce fut aussi de son temps que se fit la translation des reliques de saint Béat, apôtre de Laon, dans une châsse d'argent qui renfermait aussi des reliques insignes de saint Genebauld et de sainte Preuve, vierge martyrisée à Laon.

L'Histoire de la Gaule chrétienne *(Gallia christiana)* dit qu'Anselme de Bercenay fit, dans la cathédrale de Sens, le mariage de saint Louis qui épousa Marguerite de Provence, fille du comte Raymond Bérenger.

Les historiens de la ville de Sens prétendent que le mariage de saint Louis a été fait par l'archevêque de Sens, Gauthier Cornut (27 mai 1234). Ces derniers appuient leur assertion sur de très bonnes raisons. Quel que soit l'évêque qui ait eu l'honneur de remplir les fonctions de célébrant au mariage de saint Louis, il reste certain qu'Anselme de Bercenay y assista, ainsi que les évêques de Senlis et de Valence.

Parmi les évêques présents, y compris même l'archevêque de Sens, Anselme de Bercenay était seul pair de France, le plus haut dignitaire après le roi ; en cette considération, plusieurs historiens pensent que l'honneur de faire le mariage de saint Louis a dû revenir à Anselme de Bercenay.

L'histoire fait mention de deux frères d'Anselme : Guy de Mauny auquel la communauté de Saint-Vincent, couvent des Bénédictins, accorda pleine société ; Itier de Mauny, qui fut aussi, plus tard, un prélat très estimé, quoique moins brillant qu'Anselme, et qui eut à montrer sa vertu en des temps moins agités.

Tels sont, mes chers paroissiens, les différents titres qui font d'Anselme de Mauny une des gloires principales de votre pays, et qui le recommandent à notre vénération et à nos pieux souvenirs.

Prochainement ses restes, tels que les siècles nous les ont laissés, seront vis-à-vis de notre maître-autel, de nouveau en face du Très-Saint-Sacrement, dans cette église dont la partie la plus ancienne, inébranlable comme si elle était creusée dans un granit d'une seule pièce, date certainement de l'époque de notre Évêque.

En honorant ainsi la mémoire d'Anselme de Bercenay, nous honorerons le corps épiscopal tout entier et en même temps la Papauté, si dignes tous deux de notre vénération et de notre reconnaissance.

Dieu fait toujours descendre sur les successeurs des Apôtres des bénédictions spéciales qu'Il ne réserve qu'à eux seuls ; Il crée toujours les Évêques selon les besoins des âges et des circonstances ; ceux que Dieu nous a donnés Il les a comblés des grâces les plus privilégiées ; Il les a remplis de lumières, de sagesse, de patience, de force et de générosité. Remercions la Providence d'un si grand bienfait, et pour lui en témoigner notre reconnaissance, recevons avec amour leurs catholiques enseignements. Unis au Souverain-Pontife, ils sont nos maîtres, nos modèles et guides dans la foi ; écoutons-les, imitons-les ; ils sont envoyés pour être les pasteurs des peuples qu'ils ont mission d'enseigner et de conduire dans les voies de la liberté chrétienne et de la paix, de la vraie grandeur et de la véritable gloire ; écoutons-les : leur parole, unie à celle du successeur de Pierre, c'est la parole qui a les promesses de la vie éternelle et dont l'action apparente ou mystérieuse est incessante et toujours grande ; son silence temporaire et toujours providentiel, c'est le sommeil du Christ dans la barque qui ne chavire pas au plus fort de la tempête ; son éclatante manifestation, c'est le réveil du Christ à qui les vents et la mer obéissent.

Vous sera-t-il donné un jour prochain d'entendre célébrer la sainteté, la vaillance et la gloire de nos chefs en Israël, par un solennel et pathétique langage sous l'inspiration de l'Esprit-Saint qui fait les chantres de Sion ?

Pourquoi n'en aurais-je ni le désir ni l'espoir ? Ne devrait-on plus compter sur votre bonne nature ? Ne serait-il plus possible de rallumer en vos âmes la reconnaissance et l'amour pour le divin Sauveur et ses apôtres ? En vous écrivant cette lettre, je voulais contribuer quelque peu à cet heureux résultat ; je me hâtais de la formuler sans trop de précautions, j'étais sûr de votre bienveillance.

Agréez, mes chers paroissiens, la nouvelle assurance de mon entier dévouement.

F. BATTEUX,
curé de Bercenay-le-Hayer (Aube).

PARIS. — IMPRIMERIE DE L'ŒUVRE DE SAINT-PAUL
51, RUE DE LILLE, 51

PARIS. — IMPRIMERIE DE L'ŒUVRE DE SAINT-PAUL
51, RUE DE LILLE, 51

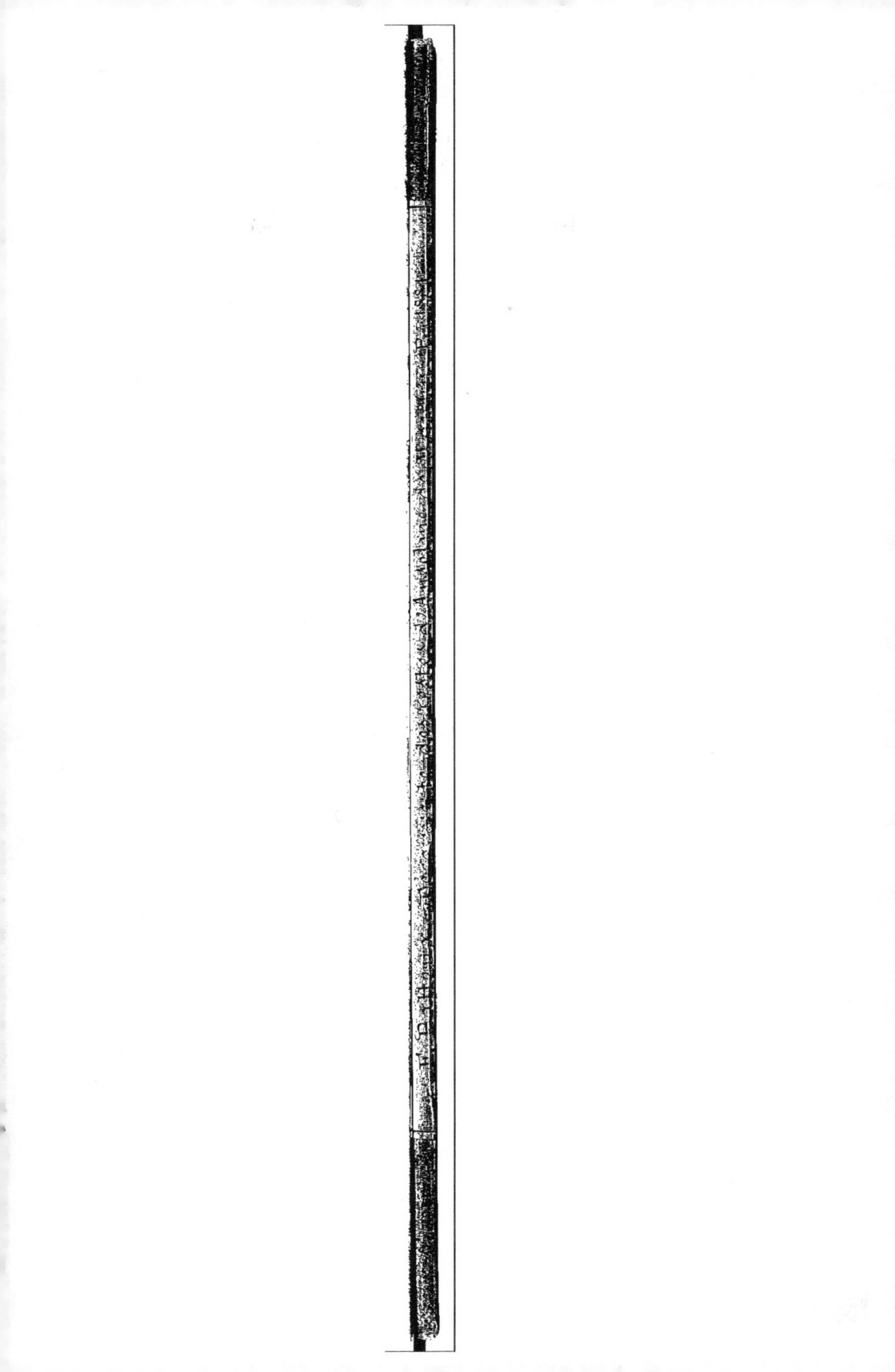

www.ingramcontent.com/pod-product-compliance
Lightning Source LLC
Chambersburg PA
CBHW060625050426
42451CB00012B/2426